한 권으로 끝내는
초등 입학 준비 끝!

학교 생활

KB025179

Mirae N 아이세움

한 권으로 끝내는 초등 입학 준비

자녀가 초등학교 입학을 앞둔 학부모는 준비할 것도, 걱정도 많아집니다.
유치원에서 한글이나 숫자 세기와 같은 기본 교육을 받았지만
'내 아이가 학교 교육과정을 따라가지 못하면 어쩌지?' 하는 두려움이 들기 때문입니다.

〈한 권으로 끝내는 초등 입학 준비 끝!〉 시리즈는

초등 입학 전 자녀를 둔 부모님들의 이런 걱정을 말끔히 해소해 줄 초등 예비 학습서입니다.

한글, 수학, 영어, 한자, 학교생활 다섯 영역별로 초등학교에 들어가기 전에
꼭 알아야 할 필수 문제를 실어, 차근차근 초등 입학 준비를 할 수 있습니다.

1 개정된 초등 교육과정을 반영한 입학 전 필수 문제로 구성!

한글, 수학, 영어, 한자, 학교생활로 구성된 5권의 책에는 개정된 초등 교육과정을 반영한
필수 문제들이 실려 있습니다. 달라진 교과서에 맞추어 1학년 초등 교과서를 심층 분석하여
초등학교 입학을 앞둔 어린이들에게 꼭 필요한 내용을 선별하여 문제로 엮었습니다.

한글 낱말, 낱글자, 문장 표현 등을 익히면서 초등학교 국어 교육과정을 미리 학습합니다.
수학 수와 연산, 기초 문장제, 모양 등을 익히면서 초등학교 수학 교육과정을 미리 학습합니다.
영어 알파벳, 낱말, 문장 표현, 생활 회화 등을 익히면서 초등학교 영어 교육과정을 미리 학습합니다.
한자 한자능력검정시험 7, 8급에 출제되는 한자를 익히면서 초등학교 교육용 기초 한자를 미리 학습합니다.
학교생활 학교 규칙, 예절, 안전 등을 익히면서 학교생활에 완벽하게 적응할 수 있는 자신감을 기릅니다.

2 내실 있는 알찬 문제로 미리 경험하는 초등학교생활!

〈초등 입학 준비 끝! 학교생활〉은 초등학교에 입학하기 전에
알고 가면 좋은 학교생활 전반에 대한 내용을 담았습니다.
흥미를 유발하는 그림과 명료한 설명으로 쉽게 초등학교 생활을 알아볼 수 있도록 구성했습니다.

3 '학습 체크리스트'로 영역별 학습 목표를 정확히 알고 차근차근 학습 완료!

각 단원별로 아이가 꼭 알아야 할 학습 목표를 '학습 체크리스트'로 제시하였습니다.
각 학습을 완료할 때마다 ☐ 안에 표시함으로써 아이가 무엇을 배웠는지,
부족한 부분은 무엇인지 파악하여 차근차근 학습을 완료해 나갈 수 있습니다.

초등 1학년 학교생활, 이렇게 지도하세요

1 학교생활에 대해 충분히 설명해 주세요

아이가 새로운 환경에서 느낄 부담감과 스트레스를 줄여 주기 위해, 아이에게 앞으로 일어날
초등학교 생활에 대해 충분히 알려 주세요. 본 책을 통해 스스로 학교에 대해 알게 한 후,
부모님과 이야기를 나누며 심리적 안정감을 갖게 하는 것도 굉장히 중요합니다.
'넌 할 수 있어. 잘할 수 있을 거야.'라고 아이를 믿어 주고 격려해 주세요.

2 단체 생활에서 꼭 지켜야 할 규칙은 미리 알고 익히기

아이가 앞서 경험한 어린이집과 유치원에서도 따라야 할 규칙이 있었지만,
초등학교에서는 아이들이 지켜야 할 규칙들이 더 많아집니다.
아이가 새로 따라야 할 규칙에 겁먹지 않도록 미리 학교의 규칙들을 알고 익힐 수 있도록 도와주세요.

3 자기 주도 능력 키우기

초등학교에 입학하면 유치원 때보다 스스로 해야 하는 일이 많아집니다.
정리 정돈을 하는 일부터 알림장을 쓰고, 준비물을 챙겨 수업 준비를 하는 등의 모든 일을
스스로 계획해서 해야 하지요. 이와 같은 자기 주도 능력은 꾸준히 노력해야만
키울 수 있으므로, 아이의 기질을 고려하여 초등학교 입학 전에
아이와 함께 관련 내용들을 연습하여 습관으로 만들어 주세요.

4 기본적인 예의범절과 성실함

초등학교 입학 전에 새롭게 생기는 인간관계를 위한 기본적인 예의범절과 바른 태도를 길러 주세요.
또한 이 시기 형성되는 성실함은 아이의 성격 형성 및 학교생활에 대한 자신감을 키워 주는 초석입니다.
규칙적인 생활을 통해 성실함을 기를 수 있도록 힘써 주세요.

5 주의력과 위기 대처 능력 기르기

학교생활 중 예기치 못한 상황이 발생했을 때 아이가 당황하지 않고 문제를 해결할 수 있도록
주의력과 위기 대처 능력을 길러 주세요. 자신의 상황을 설명하고, 필요한 것을 이야기할 줄 알며
도움이 필요할 때 도움을 요청할 수 있어야 합니다.
이는 아이의 안전하고 건강한 학교생활을 위한 필수 덕목이므로,
아이와 함께 충분히 이야기 나눠 주세요.

초등 1학년 학교생활, 체크 포인트!

1 초등학교에 대해 알아보기

초등학교는 8살~13살 어린이가 공부하는 곳이라는 것과 학교에는 어떤 곳이 있는지,
학교에 가면 누구를 만날 수 있는지 등을 알아봅니다.
학교에 대해 알아보면서 새로운 환경에 대한 불안감을 줄이고
학교에 대한 친근감을 느낄 수 있도록 합니다.

2 학교 행사 살펴보기

여러 가지 학교 행사의 종류와 내용을 살펴봅니다.
학교 행사에 참여하는 올바른 태도와 예의를 미리 알고, 준비할 수 있도록 합니다.

3 교과 학습 성취를 위한 준비 자세 익히기

수업에 참여하기 위한 바른 자세와 기본 학습 능력들을 확인합니다.
발표하는 방법부터 반듯하게 글씨 쓰기, 수업 중 궁금한 점이 생겼을 때 해결하는 방법,
학용품을 사용하는 방법 등을 알고 차근차근 익혀 봅니다.

4 단체 생활을 위한 올바른 태도 기르기

학교에서 지켜야 할 규칙과 질서를 알아봅니다.
정리 정돈, '1인 1역' 활동, 친구와 사이좋게 지내는 태도 등을 알아봄으로써
사회성과 학교생활에 대한 적응력을 기릅니다.

5 안전한 학교생활을 위한 지침 알기

초등학생들이 처할 수 있는 위험한 상황들을 짚어 그에 대한 대처 방법을 알아봅니다.
위험한 상황에서의 대처 방법을 꼭 숙지하여 위기 대처 능력을 키울 수 있도록 합니다.

처음 가는 초등학교

학교에서 만날 수 있는
사람을 이야기하고,
학교 시설을 바르게 이용할 수 있습니다.

학습 체크리스트

☐ 학교는 어떤 곳일까요?

☐ 학교 안을 살펴보아요

☐ 학교에는 누가 있을까요?

☐ 교실을 둘러보아요

☐ 도서실은 어떤 곳일까요?

☐ 운동장에서는 무얼 할까요?

☐ 급식실에서 점심을 먹어요

☐ 보건실은 어떤 곳일까요?

☐ 화장실을 바르게 이용해요

학교는 어떤 곳일까요?

초등학교는 학생들이 친구와 함께 생활하며 공부하는 곳이에요.
초등학교에서 배우게 될 것들에 ○표를 해 보세요.

학교는 어떤 곳일까요?

1단원 1

초등학생은 나이에 따라 학년이 정해져요.
다음 어린이들의 나이를 보고 몇 학년인지 선으로 연결해 보세요.

8살 주한이

9살 예니

10살 나은이

11살 정진이

12살 윤수

13살 규영이

3학년 학생

5학년 학생

1학년 학생

4학년 학생

6학년 학생

2학년 학생

학교는 어떤 곳일까요?

많은 초등학교들이 반 이름을 숫자로 정해요. 교실의 이름표를 보고
1학년 몇 반을 나타내는지 빈칸에 알맞은 숫자를 넣어 보세요.

1 - 1	1 학 년	1 반
1 - 2	1 학 년	반
1 - 3	1 학 년	반
1 - 4	1 학 년	반

반 이름을 낱말로 정하는 초등학교도 있어요.
빈칸에 내가 되고 싶은 반의 이름을 꽃 이름으로 지어 보세요.

1 학 년	매 화 반
1 학 년	반
1 학 년	반
1 학 년	난 초 반

학교는 어떤 곳일까요?

초등학교는 보통 집에서 가장 가까운 곳으로 다니게 돼요.
내가 다니게 될 학교의 이름과 나의 학년, 이름을 써 보세요.

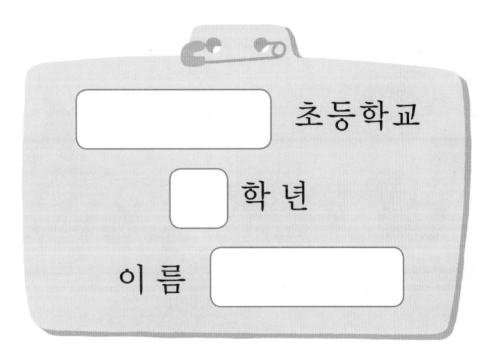

초등학교

학 년

이 름

초등학생이 된 의젓한 나의 모습을 그려 보세요.

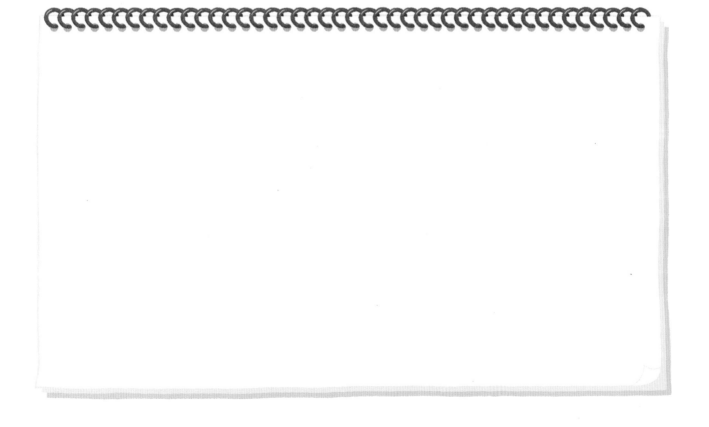

학교 안을 살펴보아요

학교에는 다양한 장소들이 있어요. 함께 알아봐요.

| 교 | 장 | 실 |

가장 어른이신 | 교 | 장 | 선생님께서 일하시는 곳이에요.

| 교 | 무 | 실 |

| 교 | 감 | 선생님과 여러 선생님들께서 함께 일하시는 곳이에요.

교 실

담 임 선생님, 친구들과 함께 공부를 하는 곳이에요.

보 안 관 실

보 안 관 선생님께서 학교를 지켜 주시는 곳이에요.

학교 안을 살펴보아요

학교에는 다양한 장소들이 있어요. 함께 알아봐요.

보 건 실

몸이 아프거나 다쳤을 때 보건 선생님께 치 료 받는 곳이에요.

급 식 실

영양사 선생님께서 해 주신 급 식 을 먹는 곳이에요.

12

운동을 하거나 친구들과 놀 이 를 하는 곳이에요.

책 을 읽거나 빌리는 곳이에요.

학교 안을 살펴보아요

그림 속 장소가 어떤 곳일지 사다리를 타고 내려가 확인해 보세요.

교무실   교장실   도서실   보건실

교실   보안관실   급식실   운동장

학교에는 누가 있을까요?

여러분이 학교에 가면 나를 만날 수 있어요. 나는 누구일까요?

나는 학생들을
안전하게 지켜요.

담임 선생님

나는 교장 선생님을
도와 일을 해요.

보안관 선생님

나는 우리 반
학생들을 가르쳐요.

교감 선생님

나는 맛있는 급식을
만들어요.

보건 선생님

나는 책을
빌려주지요.

교장 선생님

나는 아픈 학생들을
치료해 줘요.

영양사 선생님

나는 학교의
대표로 많은 일을
결정하지요.

사서 선생님

학교에는 누가 있을까요?

다음 어린이는 누구를 찾아가야 할까요?
알맞은 사람을 찾아 동그라미를 그려 보세요.

교장 선생님

교감 선생님

담임 선생님

보건 선생님

영양사 선생님

보안관 선생님

사서 선생님

교장 선생님

교감 선생님

담임 선생님

보건 선생님

영양사 선생님

보안관 선생님

사서 선생님

교실을 둘러보아요

여러분은 학교에 가면 주로 교실에서 생활해요. 교실에는 어떤 것들이 있을까요? 보기 의 물건을 교실에서 찾아 동그라미를 그려 보세요.

보기

| 사물함 | 칠판 | 텔레비전 | 선생님 책상 |

교실을 둘러보아요

교실에서 선생님께서 사용하시는 것은 초록색, 내가 혼자 사용하는 것은 파란색, 친구들과 함께 사용하는 것은 노란색으로 색칠해 보세요.

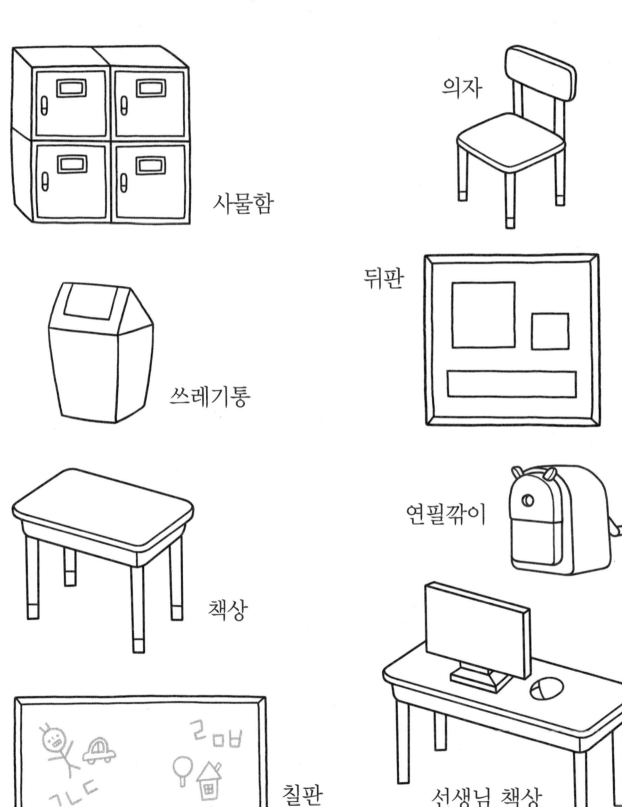

사물함

의자

쓰레기통

뒤판

책상

연필깎이

칠판

선생님 책상

교실을 둘러보아요

'교실'은 선생님, 친구들과 함께 생활하는 곳이에요. 여러분은 교실에서 무엇을 하고 싶나요? 교실에서는 다음과 같은 활동을 해요.

공부를 해요.

노래를 불러요.

그림을 그려요.

책을 읽어요.

선생님과 이야기를 해요.

친구들과 이야기를 해요.

우유를 마셔요.

청소를 해요.

교실을 둘러보아요

교실에서 바르게 생활하는 어린이는 'ㅇ'에,
바르지 않은 어린이는 'ㄨ'에 선으로 연결해 보세요.

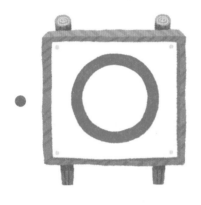

도서실은 어떤 곳일까요?

도서실은 여러 사람이 이용하는 곳이므로 질서를 잘 지켜야 해요.
다음 그림에서 질서를 잘 지키는 학생을 찾아 동그라미를 그려 보세요.

도서실은 어떤 곳일까요?

도서실에서 지켜야 하는 약속에 대해 자세히 알아보아요.

1 바른 자세 로 책을 읽어요.

2 조용히 이야기해요.

3 책을 다 읽었으면 제자리 에 꽂아요.

4 친구와 장난 치지 않아요.

5 책에 낙서 를 하지 않아요.

6 음식 을 먹지 않아요.

7 사뿐사뿐 걸어 다녀요.

도서실은 어떤 곳일까요?

도서실에서 책을 읽는 순서를 알아볼까요?
차례대로 번호를 적어 보세요.

1	'책 자리표'를 하나 골라 숫자를 기억한다.
2	읽고 싶은 책을 찾는다.
3	책을 꺼낸다.
4	책을 꺼낸 자리에 '책 자리표'를 끼워 놓는다.
5	의자에 앉아 책을 읽는다.
6	'책 자리표'를 찾아 원래 있던 자리에 책을 꽂는다.
7	'책 자리표'를 사서 선생님께 드린다.

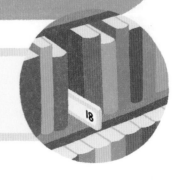

'책 자리표'는 무엇일까요?
책을 꺼낸 자리를 기억하기 위해 꽂아 두는 막대예요.

운동장에서는 무얼 할까요?

학교에는 운동 경기나 놀이를 할 수 있는 '운동장'이 있어요.
학교 운동장의 모습을 보고 해 보고 싶은 것을 색칠해 보세요.

운동장에서는 무얼 할까요?

다음 그림을 보고 어떤 것인지 이름과 설명을 연결해 보세요.

| 달리기 | 줄넘기 | 놀이 기구 | 축구 |

운동장에서는 놀이 기구를 이용하여 친구들과 함께 놀 수 있어요.

운동장에서는 공을 갖고 친구들과 즐겁게 축구를 할 수 있어요.

운동장에서는 친구들과 마음껏 달리기를 할 수 있어요.

운동장에서는 줄넘기를 하며 몸을 튼튼하게 만들 수 있어요.

운동장에서는 무얼 할까요?

운동장에서 볼 수 있는 모습들을 살펴보고,
바르게 행동하고 있는 모습에 ○표를 해 보세요.

방해하지 마!

운동장에서는 무얼 할까요?

친구는 운동장으로 가려고 해요. 놀이 기구를 바르게 이용하는
방법을 찾아 운동장으로 가는 길을 따라가 보세요.

깡충 뛰어 내린다.

그네를 그만 타고
싶을 때에는

완전히 멈추고 내린다.

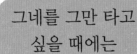

친구가 바닥에 찧지 않도록
갑자기 올라가지 않는다.

시소를
탈 때는

미끄럼판으로 올라가 다시
미끄럼판으로 내려온다.

신 나게 탈 수 있도록
무조건 높이 올라간다.

미끄럼틀을
탈 때는

계단으로 오르고
미끄럼판으로 내려온다.

가장 높은 곳까지 올라간다.

구름사다리
에서는

위로 걸어다니지 않는다.

가장 높은 것을 이용한다.

철봉은

키에 알맞은 것을 이용한다.

급식실에서 점심을 먹어요

초등학교에는 모두 모여 점심을 먹는 급식실이 있어요.
급식실에서 밥을 먹고 정리하는 순서대로 빈칸에 번호를 써 보세요.

대부분의 학교에는 급식실이 있지만 아직 교실에서 급식을 하는 학교도 있어요.

급식실에서 점심을 먹어요

다음 친구들은 바르지 않은 태도로 급식을 먹고 있어요.
바르게 자세를 바꾼 모습을 찾아 선으로 연결해 보세요.

보건실은 어떤 곳일까요?

친구가 운동장에서 놀다가 다리를 다쳤어요. 어디로 가야 할까요?

보건실은 어떤 곳일까요?

학교에서 몸이 아프거나 다쳤을 때에는 보건실에 가야 해요.
다음 중 보건실에 가야 하는 친구를 찾아 ○표를 해 보세요.

보건실은 어떤 곳일까요?

여러분은 보건실에서 바르게 행동할 수 있어요.
올바른 곳에 ○표를 해 보세요.

사람이 많을 때에는
의자에 앉아
아무 곳에서나
차례를 기다려요.

보건실에 있는 물건은 마음대로
만져도 돼요.
만지면 안 돼요.

많이 아플 때에는
잠을 자고 싶을 때에는
침대에 누워서 쉬어요.

조금 다쳤을 때에는
친구와 함께
혼자
보건실에 가요.

보건 선생님께서 질문하시면
큰 소리로
마음속으로
대답해요.

아플 때에는
엉엉 울어요.
아프다고 말해요.

보건실은 어떤 곳일까요?

보건실을 이용할 때 지켜야 하는 규칙을 지키지 않은 친구를
찾아 동그라미를 그려 보세요.

화장실을 바르게 이용해요

친구들이 화장실을 잘못 이용하고 있어요.
바르게 이용하는 방법을 찾아 연결해 보세요.

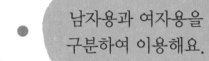
남자용과 여자용을
구분하여 이용해요.

문을 열기 전에
노크를 해요.

휴지는 아껴 쓰고,
휴지통에 버려요.

화장실 한 칸에는
한 사람씩 들어가서
이용해요.

용변을 본 후에는
반드시 물을 내려요.

화장실을 바르게 이용해요

올바른 화장실 이용 순서에 맞게 빈칸에 1~6까지 숫자를 써 보세요.

화장실을 바르게 이용해요

화장실에서 용변을 보고 나면 손을 깨끗하게 씻어야 해요.
손 씻는 순서를 처음부터 차례대로 연결해 보세요.

1. 손바닥과 손바닥을 마주대고 문질러요.

2. 손가락을 마주 잡고 문질러요.

3. 손등과 손바닥을 마주 대고 문질러요.

4. 엄지손가락을 다른 편 손바닥으로 돌리면서 문질러요.

5. 손바닥을 마주 대고 손깍지를 끼고 문질러요.

6. 손가락을 반대편 손바닥에 놓고 문지르며 손톱 밑을 깨끗하게 해요.

화장실을 바르게 이용해요

그림과 연결된 사다리의 끝을 찾아서 그림 속의 행동이
바른 행동인지 잘못된 행동인지 알아보세요.

40

여러 가지 학교 행사

학교 행사의 종류를 알고,
바르게 참여하는 태도를 익힙니다.

학습 체크리스트

■ 입학식에서는 무얼 할까요?

■ 현장체험학습에 대해 알아볼까요?

■ 운동회에서는 무얼 할까요?

■ 개교기념일은 어떤 날인가요?

■ 방학에 대하여 알아볼까요?

■ 졸업식은 어떤 행사인가요?

■ 학예회에서는 무얼 할까요?

입학식에서는 무얼 할까요?

아래 그림과 설명을 읽고 '입학식'에 대해 알아보세요.

초등학생이 되어 학교에 가는 것을 [입 | 학] 이라고 해요.

입학을 축하하는 행사를 [입 | 학 | 식] 이라고 하지요.

'입학'을 한자로 쓰면 '入學'이 돼요.

한자를 살펴보면 뜻을 좀 더 쉽고 정확하게 알 수 있어요.

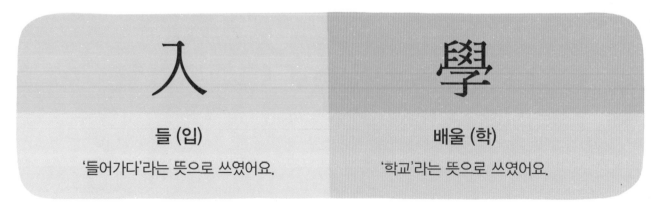

入	學
들 (입)	배울 (학)
'들어가다'라는 뜻으로 쓰였어요.	'학교'라는 뜻으로 쓰였어요.

42

입학식에서는 무얼 할까요?

나는 입학식에 가서 무엇을 해야 할까요?
차례대로 번호를 따라 쓰며 살펴보세요.

1 학교 게시판에서 반을 찾아요.
입학식 전에 학교 홈페이지에 반을 게시하기도 해요.

2 입학식을 하는 장소에서 우리 반을 찾아요.
대부분 강당에서 입학식을 해요. 강당 앞쪽에 반이 표시되어 있지요.

3 담임 선생님을 만나 인사해요.
반이 표시된 장소에 담임 선생님이 계세요.
선생님께 인사하고 이름표를 받아요.

4 선생님이 정해 주시는 자리에 앉아
새로운 친구들을 만나요.

5 선생님, 새로운 친구들과 함께 1학년
학생들을 환영하는 입학식에 참여해요.

6 내일부터 공부할 교실을 찾아 둘러보아요.
보통 선생님과 함께 이동하여 반의 위치를 확인해요.

입학식에서는 무얼 할까요?

다음 중 입학식에서의 알맞은 행동에 ○표를 해 보세요.

44

입학식에서는 무얼 할까요?

입학식을 하면 여러분은 초등학교 1학년 학생이 돼요.
보기 에서 알맞은 말을 찾아 '나의 다짐'을 완성해 보세요.

보기

| 스스로 | 사이좋게 | 열심히 |
| 맛있게 | 깨끗하게 | 일찍 |

나는 아침에 ☐☐ 일어나겠습니다.

나는 ☐☐☐ 학교에 갈 준비를 하겠습니다.

나는 ☐☐☐ 공부하겠습니다.

나는 친구들과 ☐☐☐☐ 지내겠습니다.

나는 내 책상을 ☐☐☐☐ 정리 정돈하겠습니다.

나는 꼭꼭 씹어서 ☐☐☐ 점심을 먹겠습니다.

현장체험학습에 대해 알아볼까요?

현장체험학습은 학년에 따라 달라져요.
다양한 현장체험학습을 그림을 보며 알아보세요.

미술관 관람

놀이 기구 타기

동물원 관람

농장 체험

직업 체험

농촌 체험

학교를 벗어나 다양한 장소에서 체험하고 공부하는 것을

현	장	체	험	학	습

이라고 해요.

2단원 2

현장체험학습에 대해 알아볼까요?

현장체험학습에서는 버스를 타고 이동해요. 다음 그림에서 버스를 이용하는 태도가 바르지 않은 학생을 찾아 △표를 그려 보세요.

버스에서는 안전벨트를 하고 자리에 바르게 앉아야 해요.
버스가 멈췄을 때에도 바로 일어나지 말고 선생님의 말씀을 따라요.

47

현장체험학습에 대해 알아볼까요?

다음 중 현장체험학습에서의 바른 태도를 찾아 ○표를 해 보세요.

현장체험학습에 대해 알아볼까요?

선생님, 친구들과 어느 곳으로 현장체험학습을 가고 싶은지
그려 보세요.

운동회에서는 무얼 할까요?

2단원 3

아래 그림과 설명을 읽고 '운동회'에 대해 알아보세요.

팀을 나누어 여러 가지 운동 경기를 하는 것을 운 동 회 라고 해요.

운동회는 대개 봄 이나 여 름 에 해요. 2년에 한 번씩 하는 학교도 있지요. 학년별 체육대회와 같이 작게 운영되기도 하고 모든 학년이 모여 크게 치르기도 하지요. 보통 청 팀 과 백 팀 으로 팀을 나누어 다양한 운동 경기를 하는데, 마지막 에 모든 경기의 점수를 더해 점수가 높은 팀이 이기게 돼요.

운동회에서는 무얼 할까요?

운동회에서는 무엇을 할까요?
그림과 활동의 이름을 바르게 연결해 보세요.

단체 경기 •

응원 •

달리기 •

무용 •

이어 달리기 •

빙글   빙글

힘내라!

51

운동회에서는 무얼 할까요?

다음 중 운동회에 바르게 참여하는 모습을 찾아 ○표를 해 보세요.

힘내라!

운동회에서는 무얼 할까요?

달리기를 잘하는 법을 알아보고 가족과 함께 달려 보세요.

개교기념일은 어떤 날인가요?

아래 그림과 설명을 읽고 '개교기념일'에 대해 알아보세요.

학교의 생일, 즉 학교가 세워진 것을 기념하는 날을

| 개 | 교 | 기 | 념 | 일 | 이라고 해요.

개교기념일을 찾아보고 아래 빈칸에 알맞은 말을 써 보세요.

_____ 초등학교는 _____년 ___월 ___일에 세워졌어요.

내가 다닐 학교의 홈페이지를 살펴보면 개교기념일을 알 수 있어요.

개교기념일은 어떤 날인가요?

내가 다닐 학교는 몇 살인가요?

┌─────────┐   초등학교는   ┌─────────┐   살이에요.
└─────────┘   └─────────┘

학교의 나이만큼 케이크에 초를 꽂아 보세요.

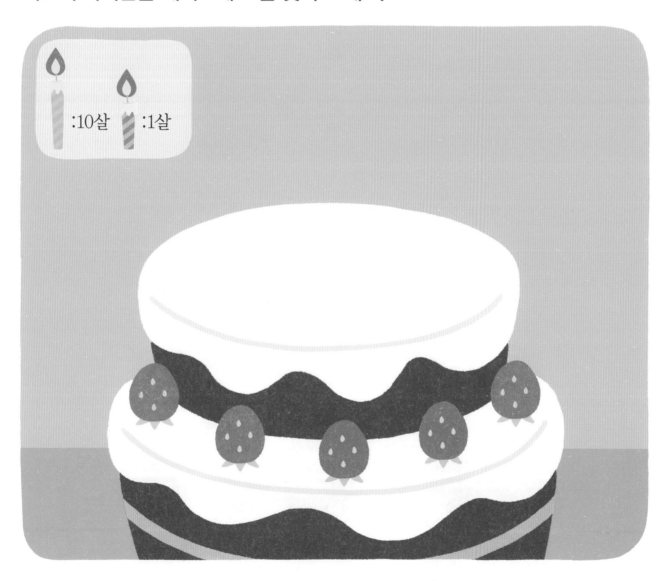

:10살   :1살

┌─────────┐   초등학교는 나보다 나이가 (많아요 / 적어요).
└─────────┘

55

개교기념일은 어떤 날인가요?

학교가 오래 건강하려면 여러분이 학교를 아껴 주어야 해요.
아래 그림에서 학교를 사랑하는 어린이를 찾아 동그라미를 그려 보세요.

방학에 대하여 알아볼까요?

아래 그림과 설명을 읽고 '방학'에 대해 알아보세요.

학교에 가지 않고 집에서 스스로 공부하는 것을 방 학 이라고 해요.

어떤 방학들이 있을까요?

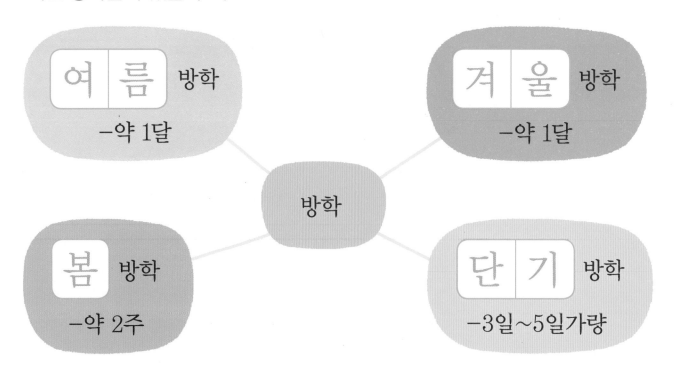

여 름 방학
－약 1달

겨 울 방학
－약 1달

방학

봄 방학
－약 2주

단 기 방학
－3일~5일가량

봄 방학과 단기 방학은 학교에 따라 있을 수도, 없을 수도 있어요.

방학에 대하여 알아볼까요?

방학 기간에는 집에서 스스로 공부해야 해요. 혼자 공부하려면
계획을 세우는 것이 좋아요. 나의 방학 생활 계획을 세워 보세요.

나는 [ ] 시에 일어나요.

나는 [ ] 시에 책을 읽어요.

나는 [ ] 시에 친구들과 놀아요.

나는 [ ] 시에 공부를 해요.

나는 [ ] 시에 목욕해요.

나는 [ ] 시에 잠을 자요.

방학에 대하여 알아볼까요?

다음 중 방학을 바르고 알차게 보내는 친구를 찾아 ○표를 해 보세요.

방학에 대하여 알아볼까요?

민재가 방학 동안 좀 더 바른 행동을 할 수 있게 도와주세요.
올바른 행동을 찾아 미로를 빠져나가 보세요.

61

졸업식은 어떤 행사일까요?

아래 그림과 설명을 읽고 '졸업식'에 대해 알아보세요.

초등학교에서의 공부를 마치는 것을 | 졸 | 업 | 이라고 해요.

졸업을 축하하는 행사를 | 졸 | 업 | 식 | 이라고 하지요.

'졸업'을 한자로 쓰면 '卒業'이 돼요.

한자를 살펴보면 뜻을 좀 더 쉽고 정확하게 알 수 있어요.

卒	業
마칠 (졸)	업 (업)
'마치다, 끝내다'라는 뜻으로 쓰였어요.	'학업, 공부'라는 뜻으로 쓰였어요.

졸업식은 어떤 행사일까요?

다음 중 졸업식을 하는 학생은 누구일까요?
누구인지 찾아서 ○표를 해 보세요.

| 1학년 주한이 | 2학년 예니 | 3학년 나은이 | 4학년 정진이 | 5학년 윤수 | 6학년 규영이 |

초등학교를 졸업하면 어느 학교에 가야 하는지 찾아보세요.

유치원

중학교

고등학교

졸업식은 어떤 행사일까요?

다음 중 졸업식에서의 알맞은 행동에 ○표를 해 보세요.

64

학예회에서는 무얼 할까요?

아래 그림과 설명을 읽고 '학예회'에 대해 알아보세요.

배운 것을 특별한 공연으로 보여 주는 것을 학예회 라고 해요.

학예회는 보통 가을 이나 겨울 에 해요. 노래, 악기 연주, 무용, 연극 등을 다른 반이나 다른 학년 학생들에게 뽐낼 수 있지요. 작품전시회 와 같이 운영되기도 해요.

학예회는 반별로 하기도 하고, 학년별로 하기도 해요.
또 몇 개 학년이 함께, 또는 모든 학년이 모여서 하는 학교도 있어요.

학예회에서는 무얼 할까요?

학예회에서는 어떤 공연을 하는지 그림과 공연 이름을 연결하며 알아보세요.

노래

무용

악기 연주

그 밖의
개인별 장기

연극

66

학예회에서는 무얼 할까요?

다음 중 학예회에 바르게 참여하고 있는 모습을 찾아 ○표를 해 보세요.

학예회에서는 무얼 할까요?

내가 다른 사람 앞에서 잘할 수 있는 것은 무엇이 있을까요?
가족들 앞에서 공연하여 보고 그림으로 그려 보세요.

재미있는 공부 시간

학교는 여러 가지를
배우는 곳임을 알고,
수업에 바르게 참여하는 태도를 익힙니다.

학습 체크리스트

- 수업 시간에는 무얼 할까요?
- 수업 시간을 준비해요
- 공부가 끝나면 정리해요
- 씩씩하게 발표해요
- 글씨를 반듯하게 써요
- 학용품을 바르게 사용해요
- 궁금한 게 생기면 이렇게 해요
- 교실 밖에서도 공부해요
- 모둠 활동은 어떻게 할까요?
- 알림장을 바르게 써요

수업 시간에는 무얼 할까요?

수업 시간에는 여러 과목을 공부해요.
과목에 대한 설명을 바르게 연결해 보세요.

국어

수학

주제별(통합) 시간

• 숫자를 쓰고, 세고, 계산하는 법과 시간을 보는 법, 도형 등을 배워요.

• '수학'과 '수학 익힘책'으로 나뉘어 있어요.

• 우리말을 바르게 말하고, 듣고, 읽고, 쓰는 법을 배워요.

• '국어'와 '국어 활동'으로 나뉘어 있어요.

• 한 달마다 주제별로 바뀌는 교과서예요.

• '학교', '봄', '가족', '여름', '가을', '이웃', '우리나라', '겨울'로 나뉘어 있어요.

수업 시간에는 무얼 할까요?

수업 시간은 보통 40분이에요.
오전 10시에 시작하는 2교시는 언제 끝날지 시곗바늘을 그려 보세요.

2교시 시작

2교시 끝

시간표를 살펴보고, 국어 시간과 수학 시간은 몇 번 있는지 세어 보세요.

요일 시간	월요일	화요일	수요일	목요일	금요일
1교시	수학	국어	국어	창체	통합
2교시	창체	수학	국어 활동	통합	국어
3교시	국어	통합	수학	통합	통합
4교시	통합	통합	통합	통합	창체
5교시		통합		국어 활동	

국어

☐ 회

수학

☐ 회

초등학교 1학년의 하루 수업은 대개 4~5교시이며 보통 3교시나 4교시 후 점심을 먹고, 나머지 수업을 해요.
수업 시간은 각 학교의 상황에 따라 알맞게 조정되기도 하며, 5교시가 한 번인 주간과 두 번인 주간이 있어요.

수업 시간을 준비해요

'쉬는 시간'은 다음 수업을 준비하는 시간이에요. 다음 중 쉬는 시간에 수업 시간 준비를 더 잘한 친구를 찾아 ○표를 해 보세요.

나는 친구들과 재미있는 이야기를 하느라 시간 가는 줄 몰랐어.

나는 다음 시간 교과서와 준비물을 미리 책상 위에 가져다 놓았어.

나는 급하지 않았지만, 미리 화장실에 다녀왔어.

나는 화장실에 가고 싶었지만 친구들과 놀기 위해서 참았어.

나는 다음 시간 교과서만 책상 위에 올려놓았어.

나는 모든 교과서를 책상 위에 올려놓았어.

수업 시간을 준비해요

'쉬는 시간'은 보통 10분이에요. 10분 동안 할 수 있는 것과 하면 안 되는 것을 골라 ○ 또는 ×에 선으로 이어 보세요.

친구들과 이야기해요.

교실을 뛰어다녀요.

화장실에 다녀와요.

깜빡하고 가져오지 않은 준비물을 사러 가요.

다음 시간 교과서를 준비해요.

73

수업 시간을 준비해요

다음 수업 시간에는 '국어'를 공부해요. 이번 시간 준비물은 '가위'예요.
바르게 준비해 보세요.

74

공부가 끝나면 정리해요

수업 시간이 끝났어요. 열심히 공부한 민재의 책상을 살펴보세요.

민재가 제일 먼저 무엇을 해야 할지 아래에서 찾아 ○표를 해 보세요.

공부가 끝나면 정리해요

민재가 정리하는 것을 도와주세요. 각각의 물건을 어디에 놓아야
하는지 생각하여 선으로 연결해 보세요.

공부가 끝나면 정리해요

열심히 공부하고 난 다음 어떻게 해야 할까요? 알맞은 행동에 ○표를 하여 친구를 도와주세요.

이 문제는 너무 어려우니 빨리 책을 치워 버려야겠어.

이 문제는 어려우니 선생님께 여쭈어 봐야겠어.

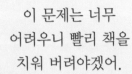 것은 선생님 께 여쭈어 보아요.

궁 금 한 것은 선 생 님 께 여쭈어 보아요.

크레파스를 정리하려면 시간이 걸리겠어. 대충 넣어 놓자.

제대로 정리해야 다음에 잘 쓸 수 있을 거야.

바르게 정 리 를 하여야 다음에 잘 사용할 수 있어요.

탬버린은 사물함에 가져다 놓아야지.

사물함까지 가기 귀찮으니까 모든 물건을 책상 속에 넣어야겠어.

알맞은 장 소 에 물건을 가져다 놓아요.

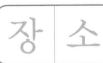

씩씩하게 발표해요

선생님과 친구들 앞에서 이야기하는 것을 '발표'라고 해요. 다음의 경우 어떤 순서로 발표해야 할지 생각해 보고 순서대로 번호를 적어 보세요.

선생님 질문에 답해 볼 친구 있나요?

☐	답을 안다고 생각하면 손을 들어요.
1	선생님께서 물어보시는 것을 주의 깊게 들어요.
☐	선생님께서 내 이름을 부르시면 자리에서 일어나요.
☐	선생님께서 물어보신 것에 대한 답을 생각해요.
☐	답을 이야기해요.

발표를 하려면 손을 들고 차례를 기다려야 해요.
다음 중 선생님이 잘 보실 수 있게 손을 든 친구를 찾아 ○표를 해 보세요.

씩씩하게 발표해요

바르게 발표하는 태도를 찾아 ○표를 해 보세요.

 부끄러우니까 작은 목소리로 말해야겠어.

 모두가 들을 수 있도록 큰 목소리로 말해야겠어.

모두 들을 수 있도록 | 큰 | 목 소 리 로 | 말해요.

 얼굴을 들 수가 없어.

 용기를 내어 친구들을 바라봐야지.

| 듣 는 | 사 람 을 | 보 며 | 이야기해요.

 바르게 서서 이야기해야지.

 허리를 조금 구부려도 내가 보일 거야.

| 바 른 | 자 세 로 | 이야기해요.

글씨를 반듯하게 써요

다음 중 더 읽기 편한 글은 무엇인지 찾아 동그라미 치고,
큰 소리로 읽어 보세요.

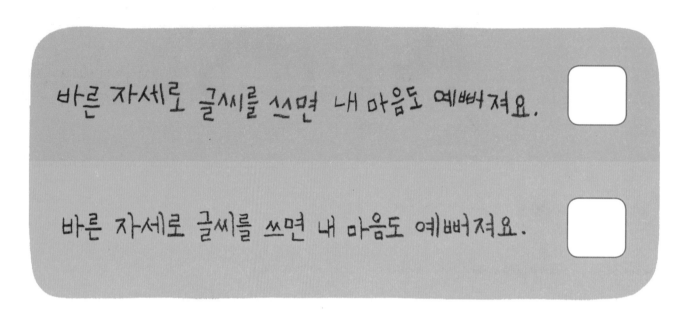

바른 자세로 글씨를 쓰면 내 마음도 예뻐져요. ☐

바른 자세로 글씨를 쓰면 내 마음도 예뻐져요. ☐

바른 글씨를 쓰기 좋은 필기구는 무엇일지 찾아 ○표를 해 보세요.

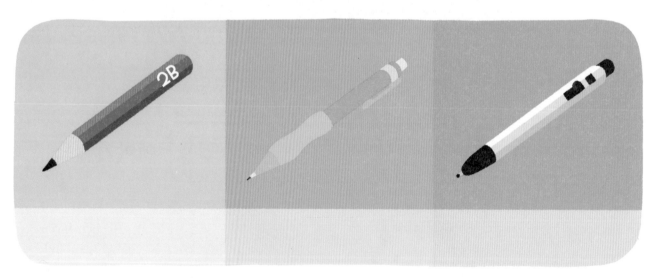

힘 조절에 익숙해지기까지는 연필을 사용해요.

손가락 힘을 기를 때까지는 힘이 약해도 잘 쓸 수 있는 ⎡2⎥B⎤

⎡연⎥필⎤ 을 사용하는 것이 좋아요.

글씨를 반듯하게 써요

연필을 바르게 잡으면 더 반듯한 글씨를 쓸 수 있어요.
연필을 바르게 잡는 방법을 찾아 ○표를 해 보세요.

첫 번째와 두 번째 손가락을 ┃둥┃글┃게┃ 하여 연필을 잡아요.

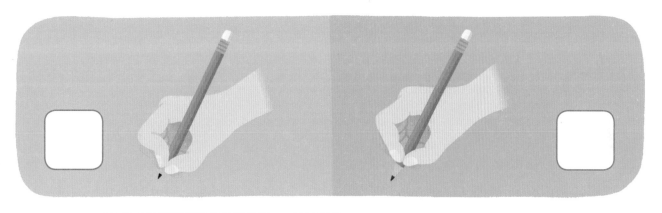

┃적┃당┃히┃ ┃힘┃을 주어 연필을 잡아요.

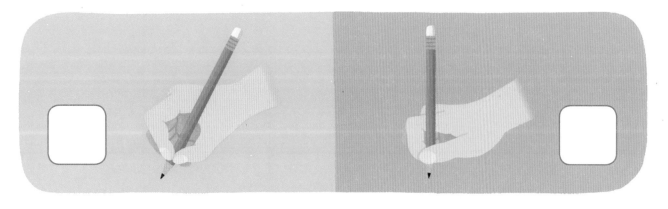

연필을 너무 높게 ┃세┃우┃지┃ ┃않┃아┃요┃.

글씨를 반듯하게 써요

글씨는 바른 자세로 써야 더 반듯해져요.
다음 중 바른 자세로 글씨를 쓰고 있는 친구를 찾아 ○표를 해 보세요.

한글은 쓰는 순서가 정해져 있어요. 순서에 맞게 따라 써 보세요.

ㄱ	ㄱ	ㄱ	ㄱ	ㄱ
ㄷ	ㄷ	ㄷ	ㄷ	ㄷ
ㅁ	ㅁ	ㅁ	ㅁ	ㅁ
ㅂ	ㅂ	ㅂ	ㅂ	ㅂ
ㅏ	ㅏ	ㅏ	ㅏ	ㅏ

엉덩이를 의자 끝까지 닿게 하고 허리를 곧게 펴서 앉아 글씨를 써요.

글씨를 반듯하게 써요

반듯하게 글씨를 쓰려면 글자의 모양을 잘 살피며 써야 해요.
글자의 모양을 살피며 아래의 글자를 써 보세요.

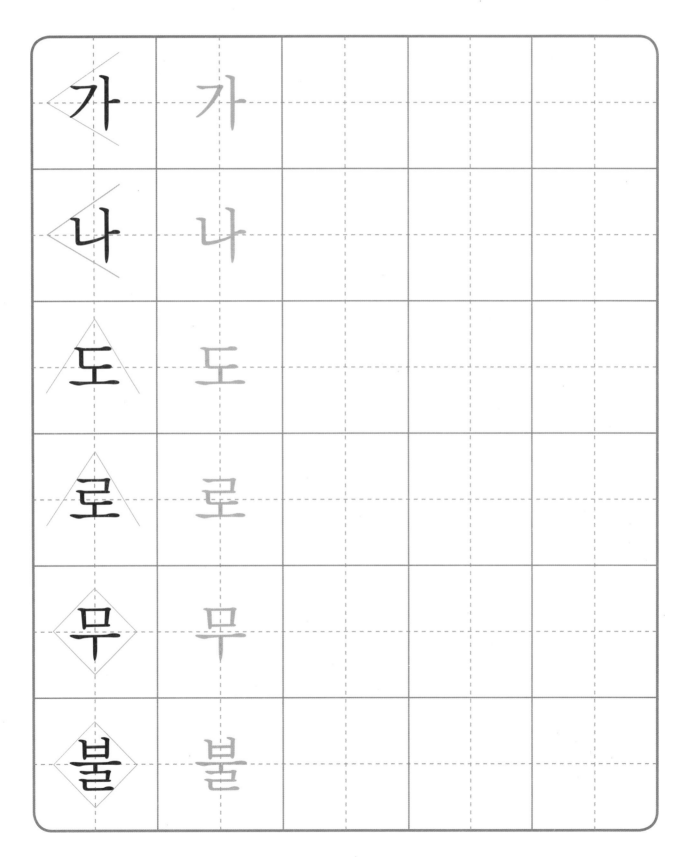

학용품을 바르게 써요

색연필이나 크레파스는 그림을 그리고 색칠하는 데에 사용해요.
사람을 그리고 색칠하는 순서에 맞게 번호를 써 보세요.

고른 색의 색연필이나
크레파스로 사람의
테두리 선을 따라 그려요.

색칠하고 싶은 색연필이나
크레파스의 색을 골라요.

연필로 그리고 싶은 사람의
테두리 선을 그려요.

테두리를 따라 그린 안쪽을
색연필이나 크레파스로 칠해요.

도화지에 사람을 그릴 때에는 자신의 손바닥 크기 정도로 그리면 보기에도 좋고 색칠하기도 쉬워요.

학용품을 바르게 써요

가위와 풀은 종이를 오리고 붙이는 데 사용해요.
집 모양을 색종이로 오리고 붙이는 순서에 맞게 번호를 써 보세요.

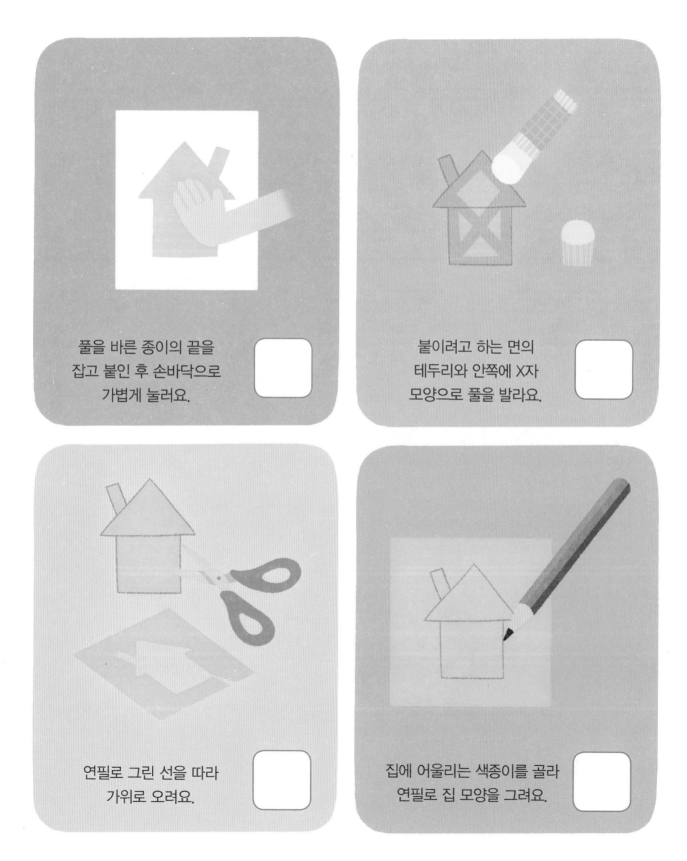

풀을 바른 종이의 끝을
잡고 붙인 후 손바닥으로
가볍게 눌러요.

붙이려고 하는 면의
테두리와 안쪽에 X자
모양으로 풀을 발라요.

연필로 그린 선을 따라
가위로 오려요.

집에 어울리는 색종이를 골라
연필로 집 모양을 그려요.

풀을 바를 때에는 붙이려는 면의 테두리와 가운데를 X자 모양으로 충분히 칠하면 깨끗하게 붙일 수 있어요.

궁금한 게 생기면 이렇게 해요

친구들이 수업 시간에 궁금한 것이 생겼지만 바르게 행동하지 않았어요.
친구들에게 해 주고 싶은 말을 보기에서 찾아 번호를 써 보세요.

보기

1. 용기를 내어 손을 들고 선생님께 여쭈어 봐.

2. 선생님께서 말씀하시는 것이 끝나면 여쭈어 봐.

3. 수업 시간이 끝난 후 여쭈어 봐.

궁금한 게 생기면 이렇게 해요

수업 시간에 궁금한 것이 생기면 책을 찾아 알아볼 수도 있어요.
다음 친구들이 어떤 책을 찾아야 하는지 선으로 연결해 보세요.

이순신 장군에
대해 더 자세히
알고 싶어.

여름철 별자리에
대해 알고 싶어.

이 낱말의 뜻을
알고 싶어.

이 화가는 어떤
그림을 그렸을지
알고 싶어.

궁금한 게 생기면 이렇게 해요

수업 시간에 색종이, 가위, 풀을 이용하여 '새싹 나라'의 꽃과 동물들을 만들고 있어요. 선생님께 바르게 질문한 친구를 찾아 ○표를 해 보세요.

교실 밖에서도 공부해요

우리는 학교 안에서 교실이 아닌 곳에서도 공부할 수 있어요.
어떤 곳들이 있는지 알아보아요.

도 서 실   음 악 실

미 술 실   실 과 실

과 학 실   강 당

화 단

운 동 장

학교마다 특별실의 종류는 달라요.   89

교실 밖에서도 공부해요

교실이 아닌 곳에서 공부를 하려면 선생님과 함께 줄을 서서 이동해야
해요. 바르지 않게 행동한 친구를 찾아 △표를 그려 보세요.

교실 밖에서도 공부해요

운동장에서 공을 가지고 게임을 하려고 해요. 바른 태도에는 ○표를, 잘못된 태도에는 ×표를 해 보세요.

☐ 선생님 목소리가 잘 안 들릴 수 있으니 귀 기울여 들어요.

☐ 어느 팀이 이기는지 궁금하니까 줄을 서지 않아도 돼요.

☐ 운동장에서 공부할 때는 편한 옷을 입어요.

☐ 새로 산 구두를 신고 운동해요.

☐ 사용한 공과 고깔은 제자리에 가져다 놓아요.

3단원 8

교실 밖에서도 공부해요

화단에서 식물을 관찰하려고 해요. 바른 태도에는 ○표를,
잘못된 태도에는 ×표를 해 보세요.

☐ 선생님 목소리가 잘 안 들리므로 하고 싶은 대로 행동해요.

☐ 돋보기로 장난치지 않아요.

☐ 꽃을 가까이 보기 위해 꺾어서 관찰해요.

☐ 잘못 적은 종이는 아무 곳에나 버려요.

☐ 관찰한 것을 바로 적어요.

모둠 활동은 어떻게 할까요?

여러 친구들이 함께 모여 생각하고 공부하는 것을 '모둠 활동'이라고 해요. 모둠 활동에는 무엇이 있는지 알아보아요.

이 외에도 다양한 모둠 활동이 있어요. 짝과 함께 생각하고 공부하는 것은 '짝 활동'이라고 하지요.   93

모둠 활동은 어떻게 할까요?

바르게 모둠 활동을 하고 있는 친구를 찾아 ○표를 해 보세요.

모둠 활동에 열심히 참여 해요.

다른 친구의 생각도 잘 들어요.

주어진 활동을 잘 못하는 친구도 | 격 | 려 | 해 | 주어요.

의견이 다를 때에는 | 공 | 평 | 한 | 방법을 찾아보아요.

알림장을 바르게 써요

'알림장'은 선생님께서 잊지 말아야 할 것을 알려 주는 편지예요.
선생님께서 보여 주시는 내용을 따라 적어 보세요.

2016년 4월 5일 화요일

1. 숙제: 나무 관찰하여 그리기

2. 준비물: 자, 가위

3. 가정통신문 1장

4. 횡단보도 조심하여 건너기

알림장을 바르게 써요

3단원 10

선생님께서 알림장을 보여 주셨어요. 다음 중 바르게 행동하고 있는 친구를 찾아 동그라미를 그려 보세요.

알림장은 스스로 써요.

잘 알아볼 수 있도록 글씨를 반듯하게 써요.

정해진 시간 안에 쓸 수 있도록 노력해요.

알림장을 바르게 써요

집에 도착하면 알림장을 확인해야 해요. 다음 중 바르게 행동하고 있는 친구를 찾아 ○표를 해 보세요.

엄마, 오늘은 가정통신문이 있어요.

엄마, 나 이제 나가서 놀다 올게요.

알림장은 꼭 | 부 | 모 | 님 | 께 | 보여 드려요.

숙제는 나중에 하고 먼저 놀아야겠다.

먼저 숙제부터 해야겠어.

집에 도착하면 스스로 | 숙 | 제 | 를 | 해요.

미리 준비물을 챙겨 두어야 잊어버리지 않을 거야.

준비물은 내일 아침에 챙겨도 되겠지?

준비물은 | 미 | 리 | 미 | 리 | 챙겨요.

친구들과 함께하는 학교생활

학교는 여러 친구들과
함께 지내는 곳임을 알고,
질서와 규칙을 익힙니다.

학습 체크리스트

- 짝과 함께 공부해요
- 정리 정돈은 어떻게 할까요?
- 질서와 규칙을 지켜요
- '1인 1역'을 해요
- 바르고 고운 말을 써요
- 친구를 아프게 하지 않아요

짝과 함께 공부해요

'짝'은 내 옆에 앉아서 같이 공부하는 친구를 말해요.
다음 그림을 보고 친구의 짝을 찾아 주세요.

짝과 함께 공부해요

짝과 함께 공부하면 어떤 점이 좋을지 아래 그림을 보고 생각해 보세요.

공부를 도와줄 수 있어요.

학용품을 빌려줄 수 있어요.

함께 공부할 수 있어요.

짝과 함께 공부해요

보기 에서 짝을 대하는 바른 태도를 찾아 빈칸에 번호를 써 보세요.

보기

1. 장난을 치거나 놀리지 않아요.　　2. 때리지 않아요.

3. 친절하게 이야기해요.　　4. 만나면 인사를 해요.

정리 정돈은 어떻게 할까요?

그림을 보고 앞으로 친구들에게 어떤 일이 생길지 동그라미 쳐 보세요.

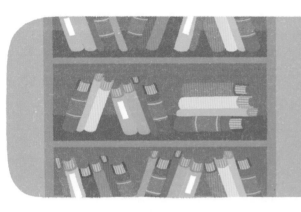

보물찾기처럼 책을 찾는 것이 재미있을 거예요.

읽고 싶은 책을 빨리 찾는 것이 어려울 거예요.

바닥이 더러워져 다니기 불편할 거예요.

아무 곳에나 쓰레기를 버릴 수 있어 편할 거예요.

신발을 빠르게 넣을 수 있어 편할 거예요.

신발을 찾기가 어려울 거예요.

원하는 만큼 화장지를 쓸 수 있을 거예요.

화장지가 모자라 필요할 때 쓸 수 없을 거예요.

정리 정돈은 어떻게 할까요?

아래 그림 속 상황을 보고 보기 에서 정리 정돈하는 방법을 찾아 알맞은 번호를 써 보세요.

보기

1. 오늘 사용할 교과서와 필통, 간단한 준비물만 넣어 둬요.

2. 쓰레기를 던지지 말고 제대로 넣어요.

3. 큰 준비물은 세워서 정리하고 쓰레기를 넣어 놓지 않아요.

4. 신발이 신발장 밖으로 나가지 않게 짝을 맞추어 넣어요.

5. 원래 책이 있던 장소를 기억하여 꽂아요.

6. 필요한 만큼만 뜯어서 쓰고, 길게 늘여 놓지 않아요.

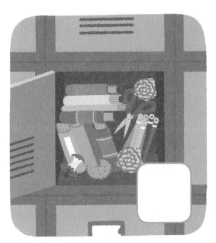

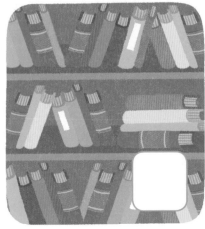

질서와 규칙을 지켜요

다음 그림을 보고 복도에서 친구들이 지켜야 할 규칙을 찾아
○표를 해 보세요.

☐ 오른쪽으로 걸어 다녀요.

☐ 고개를 숙이고 걸어요.

☐ 뛰지 않아요.

☐ 여러 명이 함께 다녀요.

교실이나 계단, 복도에서 뛰면 위험해요. 복도나 계단에서는 오른쪽으로 걸어 다녀야 해요.

질서와 규칙을 지켜요

이 밖에 학교에서 지켜야 할 규칙을 아래 그림을 보며 알아보세요.

수업이 끝날 때까지

| 학 | 교 | | 밖 | 에

나가지 않아요.

위험한

| 장 | 난 | 을

치지 않아요.

학교 건물 안에서는

| 실 | 내 | 화 | 를

신어야 해요.

선생님께 허락을 받고

| 휴 | 대 | 전 | 화 | 를

사용해요.

장 난 감 을
가지고 오지 않아요.

아무 때나 간 식 을
먹지 않아요.

교실에서 지켜야 할 것에 대해 더 알아봅시다.

1. 연필, 색연필, 크레파스, 가위 등 학용품에는 모두 이름을 쓰세요.
   비슷한 학용품이 많아 잊어버리면 찾기가 어렵기 때문이에요.

2. 가정통신문은 받자마자 잘 보관해요.
   가정통신문은 부모님께 알려야 하는 정보를 전하는 종이예요.
   비닐 파일이나 봉투에 넣어 보관하거나 반으로 접어 알림장 사이에
   끼워 두면 구겨지거나 찢어지지 않아요.

3. 가방은 필요한 학용품 등을 꺼낸 후 입구를 잘 닫아 두어요.
   그렇지 않으면 가방에 걸려 친구가 넘어질 수 있어요.

4. 휴지나 물티슈 등을 사물함에 넣고 각자 사용할 때에는 떨어지기 전에
   미리 준비해 놓아야 해요.

질서와 규칙을 지켜요

학교에 갈 수 없을 때에는 어떻게 해야 할까요?
사다리를 타고 내려가 확인해 보세요.

아파서 학교에 갈 수 없을 때

체험 학습으로 학교에 갈 수 없을 때

선생님께 연락드리고
집에서 쉬어요.

체험 학습 신청서와
보고서를 써요.

아파서 학교에 가지 못하면 '결석'이에요. 전염성 질병은 병원 진단서를 제출하면 결석 처리되지 않아요.
가족 여행 등의 개인 체험 학습을 할 경우 체험 학습 신청서와 보고서를 쓰면 출석으로 인정돼요.

'1인 1역' 활동을 해요

역할을 정해 돌아가며 활동하는 것을 '1인 1역'이라고 해요.
어떤 역할들이 있는지 함께 알아봐요.

 ● ● 칠판 지우기

 ● ● 화분에 물 주기

 ● ● 우유 나눠 주기

 ● ● 책꽂이 정리하기

 ● ● 분리수거 검사하기

이 밖에도 다양한 역할들이 있어요. 한 가지 역할을 두 명 이상이 하는 경우도 있으며,
역할은 계속 돌아가며 바뀌어요. 학교나 반의 상황에 따라 '1인 1역' 활동을 하지 않는 경우도 있지요.

'1인 1역' 활동을 해요

다음 그림에서 바르게 행동하는 학생은 ○표를, 잘못 행동하는 학생은 ×표를 해 보세요.

'1인 1역' 활동을 해요

'1인 1역'을 하면 어떤 점이 좋은지 알아봐요.

교실이 깨끗해져요.

친구를 도와줄 수 있어요.

책임감이 생겨요.

바르고 고운 말을 써요

거친 말로 대화를 하면 어떻게 될까요? 앞으로 벌어질 것 같은 상황에
모두 ○표를 해 보세요.

☐ 기분이 상해요.

☐ 사이가 나빠져요.

☐ 잘 모르는 것을 알게 돼요.

☐ 좋은 친구가 돼요.

친구와 대화를 할 때에는 ⬚바⬚ ⬚르⬚ ⬚고⬚ ⬚고⬚ ⬚운⬚ ⬚말⬚
을 써야 해요.

바르고 고운 말을 써요

바르고 고운 말로 대화를 하면 어떤 점이 좋은지 그림을 보며 알아보세요.

네 생각도 맞아.
그런데 이런 경우는
어떻게 생각해?

내 생각을 잘
전달할 수 있어요.

그림이 정말 멋있다!
색이 정말 예뻐!

서로의 기분이
좋아져요.

너 정말 공 잘 찬다!
우리 같이
축구하지 않을래?

친구와 사이가
좋아져요.

113

바르고 고운 말을 써요

친구의 거친 말을 바르고 고운 말로 바꾸어 볼까요?
보기 에서 알맞은 문장을 찾아 번호를 써 보세요.

보기

1. 안타깝다. 다음에는 공을 더 잘 보고 차 보자.

2. 네가 열심히 노래를 불러서 우리 모둠이 잘할 수 있었어.

3. 글자 모양을 생각하면서 글씨를 쓰면 더 잘 쓸 수 있을 거야.

4. 우리 열심히 청소하자. 그러면 더 빨리 끝낼 수 있어.

친구를 아프게 하지 않아요

다음은 어떤 행동인지 알아보세요.

친구의 마음 을

아프게 하는 행동 이에요.

친구의 몸 을

아프게 하는 행동 이에요.

친구를 아프게 하지 않아요

누군가가 나의 몸과 마음을 아프게 하는 행동을 하면 내 마음은 어떤지 색이나 모양으로 나타내 보세요.

친구를 아프게 하는 행동을 하면 안 되는 이유를 알아보아요.

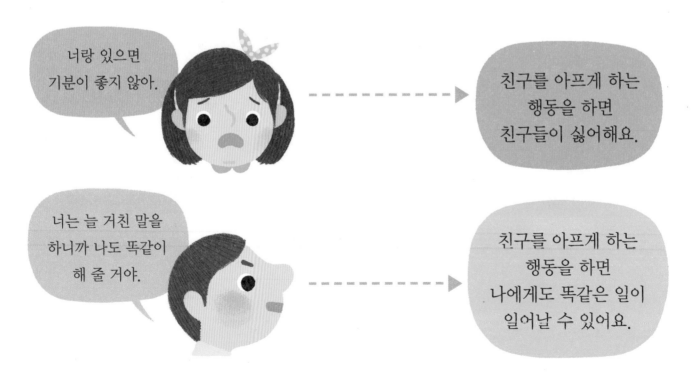

너랑 있으면 기분이 좋지 않아.

친구를 아프게 하는 행동을 하면 친구들이 싫어해요.

너는 늘 거친 말을 하니까 나도 똑같이 해 줄 거야.

친구를 아프게 하는 행동을 하면 나에게도 똑같은 일이 일어날 수 있어요.

친구를 아프게 하지 않아요

친구를 아프게 하는 행동에는 어떤 것이 있는지 알아보고, 나쁜 행동은 어떻게 바꾸어야 하는지 생각해 보세요.

이름이나 생김새, 행동 등으로 놀리지 않아요.

친구를 따돌리지 않아요.

117

친구를 아프게 하지 않아요

친구를 아프게 하는 행동에는 어떤 것이 있는지 알아보고,
나쁜 행동은 어떻게 바꾸어야 하는지 생각해 보세요.

친구의 물건을 함부로 | 가 | 져 | 가 | 지 | 않 | 아 | 요 | .

친구가 앞에 있을 때에는
| 귓 | 속 | 말 | 을 | 하 | 지 | 않 | 아 | 요 | .

118

안전한 학교생활

학교에서도 위험한 상황이
생길 수 있다는 것을 알고,
안전 규칙과 대처 방법을 익힙니다.

학습 체크리스트

- [ ] 안전히기게 등·하교해요
- [ ] 실내에서 안전하게 지내요
- [ ] 놀이 기구를 안전하게 이용해요
- [ ] 학용품을 안전하게 사용해요
- [ ] 낯선 사람으로부터 나를 지켜요
- [ ] 불이 나면 어떻게 해야 할까요?

안전하게 등·하교해요

민우가 아침에 집에서 학교까지 가는 길을 나타낸 그림이에요. 민우가 학교 가는 길을 표시하고, 조심해야 할 곳을 찾아 ○표를 해 보세요.

안전하게 등·하교해요

학교를 가는 등굣길에 위험한 곳을 만나면 어떻게 해야 하는지
알맞게 연결해 보세요.

길이 만나는 곳에서는
일단 멈춰요.

차도를 건널 때는
횡단보도를 이용해요.

공사장이 있으면
안전한 길로 돌아가요.

세워져 있는 차 사이로
뛰어 나오지 않아요.

안전하게 등·하교해요

등굣길 안전을 잘 지키고 있는 어린이에게 ○표를 해 보세요.

안전하게 등·하교해요

교통 표지판을 보고 모양과 설명을 알맞게 연결해 보세요.

　　　•　　　•　자전거만 다닐 수 있는 길이에요.

　　　•　　　•　공사 중인 곳이 있으니 조심하세요.

　　　•　　　•　사람이 걸어서 다니면 안 되는 길이에요.

　　　•　　　•　횡단보도가 있으니 조심하세요.

　　　•　　　•　자전거가 다니면 안 되는 길이에요.

123

실내에서 안전하게 지내요

1학년 교실의 모습이에요. 위험한 행동을 하고 있는 친구를 찾아 △표를 그려 보세요.

실내에서 안전하게 지내요

교실에서 안전하게 생활하는 방법을 이야기하는 어린이에게
○표를 해 보세요.

실내에서 안전하게 지내요

보기 에서 빈칸에 들어갈 알맞은 말을 찾아 복도와 계단을 안전하게 이용하는 방법을 완성해 보세요.

보기

우측통행　　　어깨동무　　　주머니　　　사뿐사뿐

복도나 계단에서는 조용히

걸어요.

항상 길의 오른쪽으로 걷는

을 해요.

계단이나 복도에서는 친구와

를 하지 않아요.

계단에서는

에 손을 넣지 않아요.

실내에서 안전하게 지내요

5단원 2

학교의 실내에서 안전하게 지내는 방법을 따라 교실로 가는 길을 찾아보세요.

교실의 창틀에는

올라가서 밖을 내다 봐요.

절대로 올라가지 않아요.

교실에서 뛰어다녀요.

쉬는 시간에는

교실에서 걸어다녀요.

아무 쪽으로나 다녀요.

복도나 계단을 다닐 때에는

오른쪽으로 다녀야 해요.

복도나 계단에서는

친구와 어깨동무를 하며 다녀요.

한 줄로 서서 다녀요.

놀이 기구를 안전하게 이용해요

운동장에 있는 놀이 기구를 살펴보고 이름을 알아보세요.

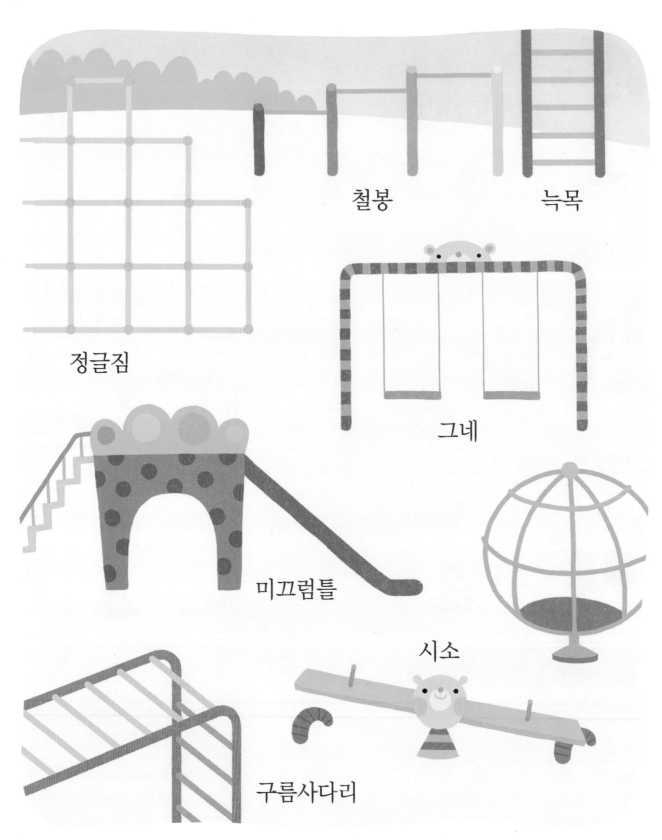

철봉

늑목

정글짐

그네

미끄럼틀

시소

구름사다리

놀이 기구를 안전하게 이용해요

다음은 어떤 놀이 기구를 이용할 때의 주의점인지 보기 에서 골라 놀이 기구의 이름을 써 보세요.

보기

| 정글짐 | 시소 | 미끄럼틀 | 철봉 | 그네 |

- 양손으로 잡고 올라가요.
- 내려올 때는 아래를 잘 살펴요.
- 위에 있는 사람의 발을 잡거나 흔들지 않아요.

- 완전히 정지한 후에 타고 내려요.
- 줄을 꼬지 않아요.
- 다른 사람이 타고 있을 때 앞뒤로 지나가면 안 돼요.

- 한 사람씩 앉아서 타요.
- 미끄럼판으로 올라가지 않고 반드시 계단을 이용해요.

- 손잡이를 꼭 잡고 타요.
- 내릴 때에는 같이 타는 친구에게 미리 말하고 조심하며 내려요.

- 자신의 키보다 너무 높은 것에 매달리지 않아요.
- 거꾸로 매달리지 않아요.

구름사다리와 늑목도 정글짐을 이용할 때의 안전 규칙을 지켜 이용해요.

학용품을 안전하게 사용해요

학교에서 사용하는 학용품 중에서 위험하다고 생각하는 물건에
○표를 해 보세요.

학용품은 어떻게 사용하는지에 따라 위험한 물건이 될 수도 있으니 주의해요.

학용품을 안전하게 사용해요

학용품을 안전하게 사용하는 방법을 찾아 선으로 연결해 보세요.

사용 후에는 칼날을
칼집 안쪽까지
넣어야 해요.

뾰족한 부분에 찔리거나
다른 사람을 찌르지
않도록 조심해요.

손잡이에 손가락을
넣고 돌리거나
휘두르지 않아요.

우리 몸에 해로운
색소가 들어 있기 때문에
입에 대지 않아요.

낯선 사람으로부터 나를 지켜요

나에게 나쁜 짓을 하려는 사람으로부터 나를 지키는 방법을 찾아
선으로 이어 주세요.

네 이름과 집 전화
번호가 무엇이니?

자동차에 가까이
가지 않고, 절대
자동차에 타지 않습니다.

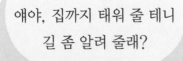

애야, 집까지 태워 줄 테니
길 좀 알려 줄래?

낯선 사람에게는 이름과
전화번호를 가르쳐 주지
않고, "잘 모른다."라고
대답합니다.

너희 엄마가 널
우리 집에서 데리고
있으라고 했어.

부모님께서 먼저
허락하지 않았으면
절대 낯선 사람을
따라가지 않습니다.

불이 나면 어떻게 해야 할까요?

불이 났을 때 올바르게 행동하는 방법을 알아보아요.
올바른 행동에는 ○표를, 잘못된 행동에는 ×표를 해 보세요.

불이 나면 어떻게 해야 할까요?

불이 나면 소방서에 어떻게 신고해야 할까요?
소방서에 신고하는 요령을 그림을 통해 알아보세요.

당황하지 말고 119를 눌러 전화를 걸어요. **1**

또박또박 주소를 말해요. **2**

소방관 아저씨가 찾기 쉽게 주변의 큰 건물 이름을 말해요. **3**

어떻게 불이 났는지 봤다면 본 것을 간단하게 말해요. **4**

소방서에 장난 전화를 하지 않아요.
장난 전화로 정말 위급한 곳에 소방관이 출동하지 못하는 경우가 생길 수도 있어요.

찾아보기 • 해답

6쪽

7쪽

8쪽

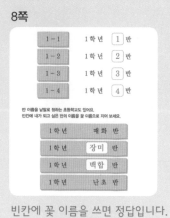

빈칸에 꽃 이름을 쓰면 정답입니다.

14쪽

15쪽

16쪽

17쪽

18쪽

19쪽

20쪽

22쪽

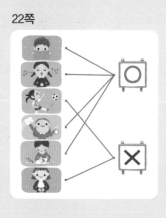

23쪽

25쪽

27쪽

28쪽

29쪽

30,31쪽

32쪽

33쪽

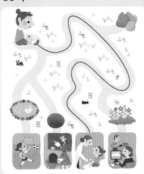

34쪽

35쪽

36쪽

37쪽

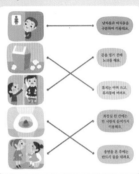

38쪽

39쪽

40쪽 ❶ ❷ ❸ ❹

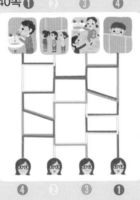

43쪽

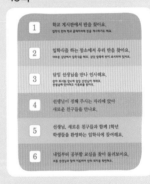

44쪽

45쪽

나는 아침에 일 찍 일어나겠습니다.

나는 스 스 로 학교에 갈 준비를 하겠습니다.

나는 열 심 히 공부하겠습니다.

나는 친구들과 사 이 좋 게 지내겠습니다.

나는 내 책상을 깨 끗 하 게 정리 정돈하겠습니다.

나는 목욕 씹어서 맛 있 게 점심을 먹겠습니다.

47쪽

48쪽

51쪽
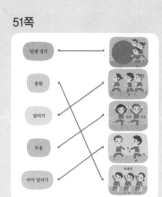

52쪽

56쪽

57쪽

60쪽

61쪽

63쪽

64쪽

66쪽

67쪽

70쪽
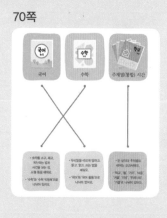

71쪽
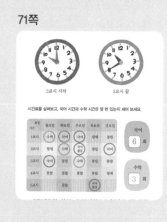

72쪽

73쪽

74쪽

75쪽